萬象法則

宇宙12大豐盛好命心法

你不需對抗命運，善用法則改變生命

12 Laws of the Universe

曼哈迪普・辛格（Manhardeep Singh）——著
実瑠茜——譯

New Life 41

萬象法則・宇宙 12 大豐盛好命心法
：你不需對抗命運，善用法則改變生命

原著書名　12 Laws of the Universe
原書作者　曼哈迪普 ・ 辛格（Manhardeep Singh）
譯　　者　実瑠茜
特約編輯　張維君
封面設計　林淑慧
主　　編　劉信宏
總 編 輯　林許文二

出　　版　柿子文化事業有限公司
地　　址　11677 臺北市羅斯福路五段 158 號 2 樓
業務專線　（02）89314903#15
讀者專線　（02）89314903#9
傳　　真　（02）29319207
郵撥帳號　19822651 柿子文化事業有限公司
投稿信箱　editor@persimmonbooks.com.tw
服務信箱　service@persimmonbooks.com.tw
業務行政　鄭淑娟、陳顯中

初版一刷　2025 年 8 月
定　　價　新臺幣 360 元
I S B N　978-626-7613-41-2

網路搜尋 60 秒看新世界

國家圖書館出版品預行編目 (CIP) 資料

萬象法則・宇宙 12 大豐盛好命心法：你不需對抗命運，善用法則改變生命 / 曼哈迪普 ・ 辛格（Manhardeep Singh）著；実瑠茜譯.
-- 一版. -- 臺北市：柿子文化事業有限公司，2025.8
面；　公分. -- (New life；41)
譯自：12 Laws of the Universe
ISBN 978-626-7613-41-2（平裝）
1.CST: 靈修

192.1　　114003943

柿子官網
60 秒看新世界

所有的宇宙法則，都是用愛與喜悅來掌握你的生活……

推薦——

當我們身處低潮或遭逢挫折時，有時就是需要這樣一本簡明扼要的書，來好好敲醒我們的腦袋、重整我們的視角。

——**王艾如（大寶）**／《麻瓜通靈日記》作者、《宇宙閨密》Youtuber、通靈傳訊者

宇宙的運行並非偶然，而是遵循無形卻穩定的法則，如同星辰運行的軌跡般精確。這些法則不受個人意志左右，但是當我們學會順應法則中的秩序，人生就能在和諧的頻率中展開，讓我們更輕盈地前行。《萬象法則・宇宙12大豐盛好命心法》揭示了這些運行的宇宙之道，更提供了一個理解生命、能量與意識的路徑，讓我們在自身的旅程中找到更深層的對齊與平衡。

這本書探討的十二項宇宙法則，並非源自單一宗教或哲學體系，而是匯集不同的文化觀點、傳統智慧與靈性洞見。從赫密士哲學到古夏威夷的自由冥想，從數字能量到意識創造，這些法則早已存在於宇宙運行的核心，影響著我們的思想、情感、行動與結果。當我們開始覺察並運用這些法則，就能與自然的頻率同步，讓生命的流動更順暢。

理解宇宙法則的關鍵，不只是記住它們的概念，而是如何在日常生活中實踐。這本書帶來具體的指引，幫助我們看到自己是如何在無意識中排拒了能量流動，又如何透過轉變內在狀態，使外在世界開始回應我們的真正渴望。

不論是吸引力法則、因果法則，還是更高層次的神聖法則，每一種都蘊含著我們如何與自己、與世界、與更高智慧建立連結的方式。

當我們與宇宙法則協調，就能成為生命的共同創造者，而不再只是命運的被動接受者。《萬象法則．宇宙12大豐盛好命心法》是一份邀請，引導我們用更高的視野看待人生的每個片段，理解每一次經歷背後所運行的法則，以覺知與愛的心態迎接未來。

願每位翻開這本書的讀者，都能在宇宙的智慧中找到自己的方向，讓生命展現無限可能。

——**卡米兒 Camiel**

真的心有靈犀，一翻開書就對上宇宙的訊號而且完美對頻。

在顯化的過程中，我常問自己：我的願望是來自靈魂的聲音，還是集體意識的影響？為什麼有時顯化會卡住？該怎麼療癒自己，找到前進的路？有時候我是不是忽略了某些關鍵？就像心有靈犀，一翻書，宇宙的訊號即刻回應完美對頻，為我開啟顯化的通道，帶來靈魂的覺醒與正向流動。

《萬象法則．宇宙12大豐盛好命心法》這本書，正是為了解答這些靈性課題而誕生。書中對宇宙法則的闡述既清晰又深刻，既能獨立成章，又以環環相扣的方式揭示各法則之間的內在聯繫。它不僅幫助我們找到長效且穩定的振動頻率，還引領我們深入探索宇宙法則的奧秘，補足靈性成長中的認知缺口。閱讀的過程中，你會感受到能量的流動與節奏的和諧，每一頁的翻動，彷彿在調校內在的磁場，讓振動頻率回歸自然的平衡狀態。

透過這些宇宙法則，我們將能在靈性旅程中持續共振於幸福、快樂與成功的頻率。如果你正在尋找一本能為你注入全新的啟發與力量的書，《萬象法則．宇宙12大豐盛好命心法》將是你的最佳指引。這本書，陪伴你走向更深層的靈性成長與生命豐盛。

——**安一心**／華人網路心靈電台共同創辦人

CONTENTS

前言——宇宙大法則的本質

字典將「law」這個字定義為「某種具有約束力或約束效果的東西」。可理解為每一項法則是某種無形力量的體現（這種力量會為我們帶來影響），是很重要的一件事。

以萬有引力定律（the law of gravity）為例，我們無法看見它、感受它，但它確實存在，而且它對地球上的每一個人都有影響。

宇宙大法則都具有以下特性：

無形：

宇宙十二大法則均是這種力量的展現，**它們影響著地球上的所有生命**。然而，它們無形無相、且難以捉摸。

無限：

宇宙十二大法則都是無限的。**它們不會受到任何區域或國界的侷限**，就像空氣一樣無所不在。

永恆：

宇宙十二大法則是永恆的。從過去到現在，乃至未來，**它們始終存在**，此刻就是它們存在的顯現。

讓我們以吸引力法則為例，你也許聽說過這項法則，但它只不過是冰山一角。

二〇〇六年上映、由朗達·拜恩（Rhonda Byrne）擔任編劇的電影《祕密》（*The Secret*），及其同名書籍廣受歡迎，吸引力法則因此受到大量關注。

但多數人沒有意識到的是，宇宙大法則其實有十二項，而非只有這一項。

許多人都認為，是《祕密》使吸引力法則成為主流。在這之後，我們很多人均試圖運用其準則，來顯化那些我們渴求的東西，並獲取不同程度的成功。

然而，吸引力法則只是宇宙十二大法則中的一項，這些法則全都彼此相互作用，若只論述或使用吸引力法則，結果將如同用沒掛上餌的魚鉤釣魚一樣。

是法則還是準則？

我的建議是，了解這些吸引力法則的準則（principles），但也需同時理解，它們並不是最重要的事。

對我來說，這些法則（laws）協助我接受日常生活裡的各種狀況。

當事情不如預期時，它們幫助我克服種種挑戰，並協助我重新詮釋各種處境，以便獲得更全面的體悟。

值得一提的是，想了解這些法則，我們必須保持開放的心態。

畢竟所謂的知識與理解，是不斷變化與擴展的。

這宇宙十二大法則是科學、心靈與玄學的混合體，把它們當作指引，可以幫助我們了解：宇宙智慧是如何組織起來的。

諾瓦麗．懷德（Novalee Wilder）（註1）這樣說道：

「理解這十二項法則使我們明白，要如何去掌握人生的各個層面，並實現我們的目標……

它們告訴我們，為什麼我們會置身某種處境、要如何信任他人，還有要如何藉由這些法則創造能量的流動，好讓我們得以抵達其他地方。」

換句話說，這些法則提供了一套準則，引導我們活出更精彩的人生。

你準備好將這些法則付諸實行了嗎？

請繼續閱讀，這樣你才能更深入理解宇宙十二大法則是什麼、這些法則如何影響我們的人生，以及要怎麼運用這些法則的力量。

註1：諾瓦麗・懷德是美國一位作家與數字命理學家，她在跟客戶進行諮商時，會使用這些宇宙法則。

宇宙十二大法則是什麼？它們來自何處？

人們認為，宇宙十二大法則是這世界永恆不變的原則，古老的文化憑直覺就知道這些法則，且時常和「荷歐波諾波諾」（Ho'oponopono）連結在一起。

荷歐波諾波諾是一種源自於古老夏威夷文化的自由冥想，但其中某些法則也可追溯至古埃及的赫米斯哲學（註2）。

這一系列的古老法則經得起時間考驗。時至今日，暢銷作家香農．凱薩（Shannon Kaiser）、身心靈工作者瓦薩維．庫瑪（Vasavi Kumar），以及世界各地的許多人都還在使用它們。

「所有的宇宙法則都是用愛與喜悅來掌握你的生活。」凱薩如此解釋。

當你在思索關於宇宙靈性法則的事時，吸引力法則可能會立刻浮現在你的腦海裡。

註2：在古埃及神話中，圖特（Thoth）是象形文字的發明者，祂同時也是智慧、數學與醫藥之神。此外，祂也負責書寫工作、將冥界的審判結果記錄下來。根據希臘神話，圖特就是後來古希臘的赫米斯（Hermes）。赫米斯所代表的哲學體系強調宇宙的智慧與法則，西方的占星術、煉金術等皆源自於這套體系。

然而你終將發現，有一連串法則會相互關聯，它們的影響遍及你人生的每一個層面。

更棒的是，這些法則可以用來支持吸引力法則，但你無須透過它們來顯化特定事物。人們經常將它們和荷歐波諾波諾療法一起探討。

宇宙十二大法則教導我們與幸福、快樂及成功有關的獨特概念，了解這些靈性法則能使你明白，在這個宇宙裡，你究竟置身何處。

本書將針對這十二項法則進行探討與總結，也將幫助你理解，這些法則如何影響你，還有你對這個世界的感知。

1

神聖合一法則

萬物相連

The Law of Divine Oneness

Everything is connected

第一項大法則是神聖合一法則，同時也是最根本的一項宇宙大法則。

這項法則強調一切事物的相互關聯性，它超越我們的感官，且表明每一個想法、行為與事件都和其他的一切有所關聯。

也就是說，**你所說出的每一句話，你所抱持的每一個渴望與信念，還有你所做出的每一個選擇，都會對你生命中的人事物產生影響。**

我們（你、你飼養的狗、你晚餐時吃下的吳郭魚、你的老闆，還有本地咖啡店那個令人惱怒的咖啡師德韋恩）都彼此相連。

是的，你和德韋恩來自同一個地方，你們在能量上有所連結，這或許令人難以置信，因為我們的小我非常擅長強調自身的個性，以及與他人之間的差異。

當然，我們都是獨立的個體，但這只是實相的其中一個層面（物質層面），你我都是相同能量的物質展現。

事實上，所有生物皆是同一個源頭能量的顯現，這就是所謂的神聖合一法則。

★

「人們通常會將實相切割成塊，因此無法察覺萬事萬物都相互依存。看見一切中的『一』，和這個『一』中的一切，就突破了限制人們感知實相的巨大障礙。」

——一行禪師（Thich Nhat Hanh），《正念的奇蹟》

接下來，讓我們進一步探討，當我們全都互有關聯時，你個人的思想與行為就會對每一個人帶來影響。

我們都以為，我們可以獨善其身，而不會對他人、社群，以及我們周遭環境造成影響。然而，在某些情況下，卻會立即產生顯而易見的作用。例如：跟朋友爭吵之後，你後悔了。

有時候，影響是間接的，你根本不會意識到它。

例如：當你幫某個覺得自己無足輕重的陌生人扶住門時，這個認可他存在的簡單舉動，便照亮了他的一天。

★

「你體內的每一個原子都以某種方式或形態，和你所存在的宇宙連結在一起。」

——諾瓦麗．懷德

這意味著，我們所做出的每件事都會產生連鎖反應，
它們不但會影響我們，同時也會對其他人造成影響。

請記得，你的行為不容忽視——它們不僅很重要，還會帶來某種改變。

所有有形與無形的事物都是相互關聯且不可分割，因為它們皆來自那神聖的本源。

了解這項法則是很重要的一件事。付諸實行後就能明白，**倘若我們對他人心存善念，未來也將得到同等回應。**

我們的想法、感受與行為必須出於善意，因為「種什麼因，得什麼果」。

當你充分理解這些法則時，你將會發現，它們是如何交錯重疊、互有關聯，並掌管我們所身處的世界。

世間萬物都是由能量所組成的，你體內的次原子粒子（subatomic particle）（註3）並非一成不變，事實上，此刻它們可以從各種地方（這個頁面、天空、地板、你最好的朋友，乃至你最大的敵人）流進與流出你的身體。

換句話說，**一切均是不可分離的**。你可以思考一下這個很重要的問題：假使你確實明白，你的人生和你的朋友、同事，還有所有曾經存在過的生命都是一體的，這對你的行為會有何影響？

答案是，你或許會做出不一樣的行為。

註3：次原子粒子是指比原子還小的粒子，如電子、質子等。

現在，讓我們進一步探討我們對「神聖合一」的理解。它有很多名稱，像我這樣的人把它稱為「源頭」或「宇宙」，世界著名勵志大師與暢銷作家偉恩．戴爾（Wayne Dyer）則將它稱作「靈魂」，也有些人把它稱為「能量」，其他人則以「業力」或「佛陀」這樣的字眼來稱呼它。

無論它是什麼，它都在那裡、將我們合而為一。

那麼，讓我們來思考一下，我們是怎麼和其他人連結在一起的？

你誕生自另外一個人（其實是兩個人），這兩個人彼此連結，然後把你製造出來。要創造生命，別無他途，這兩個將你創造出來的人來自另外兩個人，而後者又來自另外兩個人，這樣的過程不停地循環，我們全都藉由這段過程連結在一起，而這一切皆是從某個源頭開始的。

因此，你可以確認，我們所有人都是以這種方式彼此交織，但我們又是如何和其他的一切連結在一起？

你誕生在這個世界上，而你終將死亡，這是無可避免的事。

當你離開這個世界時，你將回歸大地。

誠如《聖經》（〈創世紀〉第三章十九節）所言：「你本是塵土，仍要歸於塵土。」

當我們死去時，我們將化作塵土、回歸大地。塵土變成肥沃的土地，再由土地長出各種作物養育我們。

於是，我們成為那水流的一部分，供養萬物生長。

看看那構成豐饒土地、長出作物，並滋養眾人的塵土，接著再以同樣的方式來看待那水流，它向上蒸發到空氣裡凝結，成雲後再化作雨水……

在我們的人生中，「塵歸塵，土歸土」是非常重要的一個階段，因為我們都是以這種方式相互交流。

為什麼神聖合一法則很重要？

世間萬物都是能量，所以，當你處於某種低頻能量（振動）時，同樣的能量會發散出去，並降低這個世界的整體振動頻率。

如同這項法則所表明的，我們全都彼此相連。因此，**你的能量振動會影響我的振動**，反之亦然。

當你身處低頻狀態時，我也無法處於高頻狀態，這是因為，你的低頻能量與我的高頻能量會在某個中間點取得平衡。

一個身處低頻能量的人會帶走這個世界的許多東西，這種狀況自然會阻止人們處於高頻能量。

由此，我們必須認真思索這件事：如果有很多人都帶著低頻能量生活，這世界的能量就會被逐漸拉低。

對高頻能量而言，也是相同的道理，倘若你我都可以帶著高頻能量生活，我們就會對那些帶有低頻能量的人產生影響。

雖然在這樣的情況下，我們的振動頻率會降低一點，但與此同時，他們的振動頻率也會跟著提升。

也就是說，**振動頻率愈高，就愈能提高較低的振動頻率。**

由此可見，活出健康快樂、豐盛富足人生（活得比你所能想像的更好）的秘訣，就隱藏在能量振動裡——不只是你本身的能量振動，還包含整個世界的振動。

所以，**讓這個世界保持在高頻振動的狀態，是十分重要的事。**

我們可以用這種方式來使這世界產生美好的改變。

如何實踐神聖合一法則？

神聖合一法則並不是你拿來「應用」的某種東西，而是在生活中抱持「我們全都互有關聯」這樣的意識。

當你在與他人互動時，請謹記這項法則，明白你和所有的人事物都彼此相連時，你將有何不同？你會怎麼與它們互動？你能如何提升你自身，以及他人的振動頻率？

當你深入探究神聖合一法則時，你可以問自己這些問題。

提醒——

留意你的思想與行動，因為它們會在整個宇宙裡發送能量波，而我們全都是一體的，這些作為終究會以某種形式回到我們身上。

2

震動法則

一切事物都有其獨特的振動頻率

—·—

The Law of Vibration

Everything has a unique vibration or frequency

所有生物與非生物（inanimate object），所有的想法、感受與渴望都有其獨特的振動頻率。科學研究已經在物質世界中證明這一點：和液體與氣體相比，固體的振動頻率較低。

同樣的道理，我們所看到的顏色其實只是光線的不同頻率——紅光的頻率最低，而紫光的頻率則最高。

相同的概念也適用於我們的思想與感受，**和憤怒、痛苦、絕望相比，愛、喜悅、感激等情緒的振動頻率較高。**

我們應保有良好的能量振動

你是否曾經聽人說過「我有種奇妙的感覺」或「我對它有種很好的感覺」？

這就是振動法則正在運作，因為我們是具有振動頻率的生物，我們可以直覺地感受到其他人事物的能量振動。

長久以來，我們並未被教導使用自身的直覺，但若能仔細聆聽，我們就會發現，自己的內在其實已具備許多智慧，其中的秘訣在於：學習運用這種直覺。

★

「想發掘宇宙的奧祕，就必須從能量頻率與能量振動的角度來思考。」

——美籍塞爾維亞裔發明家尼古拉・特斯拉（Nikola Tesla）

如果你想知道你在某一刻的振動頻率為何，方法很簡單，在這一刻，你在想些什麼？你的心裡有何感覺？你的周圍發生了什麼事？

因為**當你身處低頻狀態時，你會感受到緊張、焦慮、鬱悶、悲傷與憤怒，你會顯得暴躁易怒、不好相處。**

當你處於高頻狀態時，你則會感覺放鬆、樂觀，充滿熱情與感激。

在這樣的情況下，一切往往十分順遂：你一下樓梯，地鐵列車就到站，陌生人對你微笑，人生感覺很美好。

當然壞事還是會發生，這時我們會依照習慣的做法加以回應，但其實我們永遠都能選擇要怎麼回應。

對超車的人大吼大叫是可以理解的，但這是一種低頻回應，深呼吸、做出不一樣的反應，然後放下這一切，便是振動頻率較高的選擇。

提醒——

留意你在某種狀況下的直覺反應，以及你的各種想法與行為所產生的振動。

根據振動法則，宇宙中的每一個粒子都一直處於移動狀態，並且帶有能量。

這項法則廣泛適用於宇宙裡的許多地方，例如行星與恆星。不過，它也同時適用於你坐著的椅子，或你擺放電腦的桌子。

此外，一切事物都有特定的能量頻率，高能量粒子自然會和其他高能量粒子一同運作，而低能量粒子也是如此。

假使你的目標是活出更富足而充實的人生，那麼便請思考該如何提升你的能量頻率。

從微觀層面來看，世間萬物均不斷移動，並以特定的頻率振動。這不僅適用於各種物質，也適用於個人振動頻率。

這項法則告訴我們，我們自身的振動頻率決定我們的生命體驗。

舉例來說，你可能會獲得金錢，卻留不住這些錢，因為你在低水平上振動著。如果你覺得需要提升自己的振動頻率，有很多很棒的事都可以做到這一點，包括瑜珈、聲頻浴（sound bath）（註4）、脈輪療癒等。

宇宙萬物皆具有振動頻率，沒有任何東西是靜止的，因為萬事萬物都一直被推或拉向某個東西。

此外，頻率相同的事物會相互吸引。所以，想用這項法則來吸引你所渴求的東西，你必須讓你自身的振動頻率與你的渴望相符合。

註4：聲頻浴是一種紓壓療法，利用敲打頌缽等樂器所產生的聲波與頻率，來讓人們放鬆身心，並進入平靜的冥想狀態。

3

吸引力法則

同類相吸

The Law of Attraction

What is like unto itself is drawn

回到振動法則，我們已經知道，一切事物都有其獨特的振動頻率。

吸引力法則表明，相同的振動頻率會彼此吸引，頻率較高的思想會吸引同類思想，而頻率較低的思想也是如此。

當你能保有高頻振動時，你將會發現，一切進展都很順利，那些經常令你煩惱的事也顯得不再重要。

為什麼這項法則沒有發揮作用？

多數人都喜歡用吸引力法則來吸引各種事物（伴侶、更好的工作、更多的金錢等）進入他們的生命。這樣的做法偶爾會奏效，但通常不會成功。

如果這種做法有效，那麼我們所有人都會住在夢想的房子裡，並且對我們的身體狀況感到滿意。

然而事實並非如此，人們之所以無法藉由吸引力法則的傳統教導獲得成果，背後原因有很多。

其中一個原因是，他們不了解還有其他十一項法則應該一併納入考量。

另一個原因是，他們沒有和他們渴望的事物振動頻率相符合。

光是「想要」是不夠的，你必須同化所渴求的頻率。

我們獲得的是符合自身振動頻率，而不是所求的東西

我很肯定，你一定認識某個堅信這種想法的人。

例如：布萊德想要吸引夢中情人來到他的身邊，但他卻抱怨著所有的好對象都已被追走。他還說使用交友軟體只是浪費時間。

可知他內心的懷疑，和他所尋求的愛的頻率並不一致，它顯露的不是愛與豐盛，而是沮喪與匱乏。

他要做的是，在關於愛的主題上，他應該調整自身的能量，同時讓他的思想與行為與其保持一致。

這並不代表他必須假裝自己不鬱悶。

我的建議是，他應該要找出真正能使他心中的沮喪情緒變成愛的方法。

提醒——

你是一枚磁鐵，而你的種種經歷正是你自身能量的體現（你有意識或無意識地釋放出這些能量）。看看你的周遭，你就會明白你當下所置身的境遇，都是你自己「吸引」過來的。

就像你知道的那樣，吸引力法則告訴我們——同類相吸。

因此，為了得到你想要的東西，你必須思考，要怎麼和你所渴望的事物具有相同的振動頻率？

這時你要學習的整體課題是：**正面積極且充滿愛的狀態，會把同類事物帶進你的生命裡。**

與此同時，悲觀、恐懼與懶散，則將使你在人生的各個層面，遭遇更多的負面經驗。

哪怕你只是在今天選擇以更正面的態度生活，你就已經在實踐吸引力法則，藉此為自己創造更好的人生。

無庸置疑的是，人們最常談論的宇宙法則——吸引力法則，經常被用來顯化各種事物。

這項法則表明，同類相吸，你關注什麼東西，你就會獲得它。

不僅如此，你也必須相信，你可以得到你所渴求的事物。

在這一點上，這項法則和振動法則很類似。

學習調整調自身的振動水平，以便吸引你所渴望的東西，是很重要的事。

比如你希望獲得愛，卻不付出愛，你就是在向宇宙發送訊息，告訴它，什麼才是你優先重視的事項。又倘若你不停地重複某句話，卻又不相信自己說出的這句話，它就不會發揮作用。

當我們把注意力放在我們想要，而非不想要的事物上時，它們就會出現在我們的生命中。

科學研究顯示，宇宙萬物終究是由能量與振動頻率所組成的。

量子物理學家已經證實，雖然某些物質看似固體，但當它們在高倍顯微鏡下被分解成最小單位時，它們多半都會呈現空心狀態，並帶有離散的能量。

對我們而言，這項法則會以思想的方式呈現，我們所在意或相信的事實或真理，最後都會根植在我們的潛意識裡，並成為我們自身的能量振動。

假使我們懷抱負面信念，以此自我阻礙，我們就會散發出這樣的能量。

你會看到有些人昂首闊步，並且在人群中脫穎而出，他們確實具備正面的氣場，所有人都能感受到它，同時也想擁有這氣場的一部分。

這一切都不是從外在開始，而是先由內在發生共振，接著再從外在產生共振。

這就是振動法則的運作，許多人都很害怕，認為不好的想法或低頻振動會以某種方式破壞他們的人生，那是因為他們不了解這項法則。

它不是一種懲罰，而是我們自身心態與自尊的清晰反應。

你過去所做出的決定造就了現在的處境，同時你也完全有能力做出其他選擇，以此創造不同的境遇。

4

一致性法則

其上如其下

—·—

The Law of Correspondence

As Above, So Below

你的內在世界將會決定你的外在世界如何顯現

「其上如其下」（As above, so below）（註5）是我的人生座右銘之一，因為它可以提醒我，我的各種思維模式、信念與感受，會直接反映出我對外在物質世界的感知。

這就是為什麼重視自己的內在功課如此重要。

其中的弔詭之處在於，我們必須先意識到，內在究竟發生了什麼事？因為我們很多人都深受潛意識裡的限制性信念所困擾（這些信念多是在我們的童年時期形成的）。

註5：請參見《祕典卡巴萊恩》一書，柿子文化出版。

金錢的能量振動

讓我們以金錢為例。

我們所有人都想擁有更多錢，對吧？

但這個主題往往和深植在我們潛意識中的限制性信念有著密切關係。

我們想要更多錢，卻從未擁有足夠的錢。

當我們的鄰居宣稱，他們將要花五萬元美金整修時，我們感到嫉妒；當我們的朋友能負擔我們買不起的東西時，我們會說：「那應該很棒。」

在這些情況下，一切全都源自於恐懼與匱乏，這樣的振動肯定無法吸引大量的金錢。如果放任不管，這些信念模式將會在我們的外在實相裡顯現出來，像是違規停車罰單、帳單逾期未繳，或各種意想不到的支出……

當然，這只會讓我們的信念變得更根深柢固，同時使這種循環繼續下去。

★

「你吸引的不是你想要的東西，而是你所身處的狀態。」

——偉恩．戴爾

我們應該先讓自身的內在振動，和豐盛的能量振動保持一致，這樣一來，我們的外在實相就會開始做出相對的回應。

在涉及我們特別重視的某些主題時，事情確實不容易，但對於那些我們不太抗拒的主題，轉變則來得非常快。

我們很多人都對自身的限制性信念，以及能量振動中的諸多限制渾然未覺。這就是為什麼冥想很重要，它可以幫助你整理思緒，並且使你的心平靜下來。

提醒——

倘若你想改變外在環境，你必須先進行自己的內在功課。安靜地站立、釐清思緒，然後看著你的處境開始改變，其上如其下。

一致性法則（對應法則）和最根本的神聖合一法則直接相關。

這裡的關鍵概念在於：**在整個宇宙裡，某些模式會重複出現，同時這些顯著模式也會在較小的層面上不斷顯現。**

舉例來說，你可以思考一下那些重複出現在宇宙許多地方的螺旋星系（這些星系廣為人知）。看看你的思維與生活模式，檢視它們是怎麼在這世界的其他地方反覆顯現，當你這麼做時，請仔細思索，你能做出什麼樣的架構改變，還有他們將如何帶來大規模的轉變。

這項法則表明，各種模式會在宇宙層面反覆出現，從個人層面來看，即我們的外在實相反映出當下內在所發生的一切。

請思考一下「其上如其下，其內如其外」這句話。

請用以下箴言來運用這項法則：

「這件事不是在針對你，它是為了你才發生的。」

如果我們的生活一團混亂，那是因為我們的心裡充滿混亂與恐懼。

假使我們的生活看起來平靜而踏實，那是因為我們的內心感到平靜。

在任何令人不安的狀況下，你可以問問自己：這種情況反映出你的哪些面向？以及你內在的哪些部分需要被療癒？

俗話說：「我們的外在世界只不過是我們內在世界的反射。」我們多數人都曾經聽過這句話，而這就是一致性法則背後的意涵。

我們所身處的實相，正是由那些佔據我們內心想法所造成的結果。

舉個例子，我們經常聽到人們說：「自從那個事或狀況發生之後，一切就愈演愈烈。」這是因為我們的大腦容許更多負面事件發生，而這種情況是深植於我們腦中的種種想法所導致。

倘若我們的內在世界充滿負面思維，那外在世界就會如實反映相同想法。

但我們要怎麼把內在想法轉變成正面思維，以此造就正面的外境？我們只需改變思維模式即可。

當你改變自身的思考模式時，多數潛意識思維就會跟著轉變，並將快樂、成功，以及正面的結果帶進你的生命裡。

一致性法則背後的前提是，我們的生命是由每天反覆出現的潛意識模式所創造，這些模式能協助我們，或對我們造成阻礙。你必須透過了解你自身的思考模式來啟動這項法則（這些模式通常是藉由家族傳承下來的），然後再有意識地逐步打破它們。

5

行動法則
顯化需要與渴望
相符合的行動

The Law of Action

Manifestation requires aligned action

想獲得成果，你必須先採取行動

在現實生活中，無所事事、只做白日夢感覺很好，但顯化不是這樣運作的。

儘管能量振動是非常重要的一部分，想獲得真正的成果，我們還是必須採取靈感行動。

「靈感行動」就是這裡的關鍵詞，是指和你懷抱強烈熱情的事物相符合的行動。

當你進行某項深具挑戰性，又同時充滿樂趣的工作時，你就會明白這一點，它不會讓你感到沮喪與焦慮。

任何成功者都會告訴你，他們的成功伴隨著許多辛酸血淚，這不是為了嚇唬你，而是要激勵你。

作家經常會說，他們在寫作時對時間的流逝渾然未覺，因為他們熱愛這份工作，夙夜匪懈地努力，卻不覺得痛苦。

他們的創作或許不會成為暢銷書，或很可能永遠都不會出版，但他們的成就不在於結果，而是在過程裡學到什麼。

「你的渴望源自於你的想法，當你決定採取行動時，你就會獲得它們。」

——珍．辛賽羅（Jen Sincero），《喚醒富思維：從此不再為錢煩惱》

當你和真正渴望的事物保持一致時，一切努力都不會令你感覺乏味。

有時候，即便是微不足道的行動，也能帶來絕佳的機會，進而使你更接近你的目標。

這並非總是顯而易見，所以其祕訣在於，運用你的直覺，不要過度思考或自我阻礙。

我們習慣於認為，豐碩成果來自辛勤耕耘，雖然這是事實，我們仍舊可以選擇，要在這段努力的過程中痛苦掙扎，還是從容不迫。

提醒——

觀察你的日常生活，各種行動是否符合你的渴望？如果答案是肯定的，它們是感覺充滿挑戰，還是讓你辛苦掙扎？前者對你有益，後者則反應了你需要放鬆一點。

吸引力法則的實踐者往往都希望，他們能早點明白行動法則，這兩項法則密切相關；後者告訴我們，**我們必須積極追尋自己的目標。**

很多人都以為，只要把目標具象化，並對其抱持正面態度，就足以運用吸引力法則。然而，想達成渴望的目標，還必須採取靈感行動，不管是一大步或一小步，它都會立刻幫助你吸引更好的工作、人際關係，或你所渴求的富足。

行動法則和吸引力法則其實有著密切的關係，其關係的重點在於，以實際可行的方法，來吸引我們渴望的事物進入我們的生命，這種靈感通常是來自我們的內心。

★

「靈感行動是溫和的內在推動，它並非總是某種行動計畫。」

——瓦薩維．庫瑪

在實行這項法則的時候，必須放慢速度並保持安靜，以便為內在的指引騰出空間。

當我們放下安排與控制事情如何發展的需求，並敞開心胸接受所有的可能性時，這就為「用新方式來實現目標」創造出空間——而這些方式或許是我們不曾想過的。

吸引力法則的重點在於，讓你和你所渴求的事物保持一致，而行動法則的重點則在於，為了達成你所渴望的目標而採取行動。

因此，你當然可以製作你的「願景板」（vision board）（註6），但實際付諸行動、使自己離夢想更近，是更重要的一件事。

註6：願景板是一種視覺化工具，通常由一張海報、畫板，或各種圖像所組成，以此協助人們將腦中的夢想藍圖具象化。

6

因果法則

每一個行動
都會產生某種結果

The Law of Cause and Effect

Every Action has a Consequence

「一個人的各種意圖與行為會對他的未來造成影響。」

這樣的原則極其普遍，許多靈性傳統都涵蓋這項準則，業力就是一個廣為人知的例子。

我相信，在這世界的所有文化當中，幾乎都有類似「種什麼因，得什麼果」、「善有善報，惡有惡報」的詞彙。

回到第一項宇宙法則，我們已經知道，**我們所想或所做的一切都不是獨立存在的，因為我們全都在能量上有所連結。**

無論想法與行為是好是壞，它們最後都會以某種方式回到我們身上。

★

「膚淺的人相信運氣，堅強的人相信因果。」

——美國思想文學家拉爾夫．沃爾多．愛默生（Ralph Waldo Emerson）

如果你想被愛，你得先愛你周遭的人；假使你想獲得豐盛，你必須先慷慨地付出；倘若你想擁有健康的生活，你得先注重飲食、規律運動……

如果一切是這麼簡單，為什麼我們卻很難做到呢？

我認為，我們對自身思想、意圖與行為的覺察，和這一切有很大的關係。

當我們思考事情時，我們往往處於自動駕駛狀態，只是依循慣有的思路。因此我們不明白，我們其實有機會更新這些想法，藉此得到更好的結果。

關鍵在於覺察

問題是，我們並非總是能覺察自身的思維模式，所以我們會想知道，自己為何會面臨某種處境。

大喊「為什麼是我」的人懷抱著受害者心態，那是一種低頻振動，假使這樣的心態沒有受到控制，它就會繼續帶來各種體驗，並持續讓我們覺得自己是受害者。

不要說「為什麼是我」，而是深呼吸，然後問自己更具啟發性的問題：

「我做了什麼事，因而導致這種狀況？」

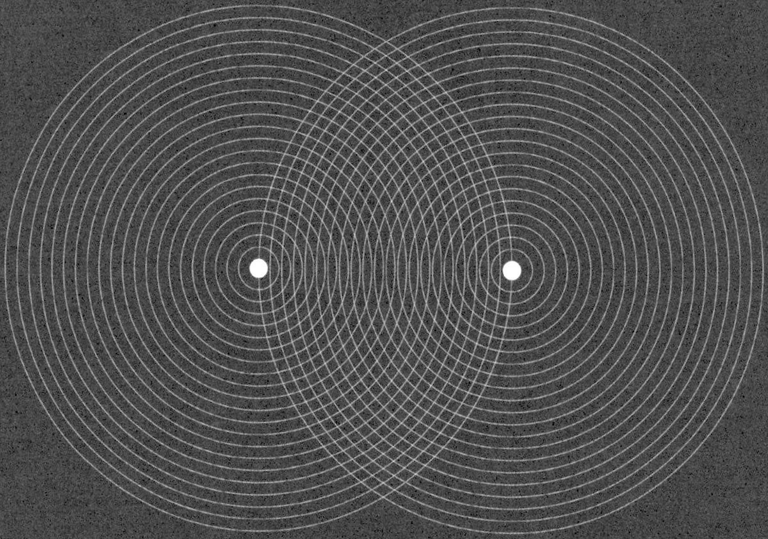

當你問這個問題時，請誠實面對自己。

當我們對自身的境遇負起責任，而不是使自己成為受害者時，將開始發現，自己不是木偶，而是操控木偶的大師。

重點在於，為你的人生負責，同時有意識地讓你的思想與行為，和你想獲得的結果保持一致。

提醒——

檢視你的人生，並了解你自身的思想、意圖與行為怎麼造就你的過去，下次再遇到相同的情況時，你可以把握機會做出更好的決定，然後看看那些負面處境如何變得正面。

因果法則是最簡單的宇宙法則之一，它告訴我們，所有的行動皆存在著對應關係，在涉及這世界的物質層面時，你肯定明白這一點。然而，你可能不曾想過，這項法則要怎麼應用到精神層面上。

你的精神生活會對你周圍的世界帶來影響，產生各種正面或負面的反應。

同樣地，你的物質環境也會對你自身的靈性造成各種影響。你可以問問自己，你精神與物質的各個層面之間有著什麼樣的關係，以及你想如何改變它們。

這項法則很簡單，它強調**行為與事件之間存在直接關係。**

要注意的是，我們通常不會立即察覺這些影響，但它們最終都會顯現出來。

★

「你所製造的東西也許不會在那一刻回到你的身上，但你所散發的能量振動會產生某種連鎖反應。倘若你的內心充滿憤怒或怨恨，倘若你把這樣的能量釋放出來，你終究會受到影響。」

——瓦薩維．庫瑪

我們確實都是種什麼因，得什麼果。

我們在人生中所經歷的一切，都是一連串事件或活動所導致的結果。

因果法則又稱作「業力法則」，表明所有的行動都會造成某種反應。此外，

無論你的行為是好是壞，它們最後都會再回到你身上。

想善用這項法則的力量，你必須明白，你的各種決定與行動不僅會對你自己，同時也會對你周遭的每個人產生影響。

因此，請把所有的注意力都放在散發良好的振動頻率上。

7

補償法則

我們會因為正確的行動
而獲得報酬

The Law of Compensation

We are rewarded for right action

你所得到的回報，是基於你的付出

這項法則是因果法則的延伸，這裡的「補償」，特別是指物質世界裡的報酬——人際關係、機會，以及豐盛富足之類的美好事物。

這項法則表明，**良好的行為與我們所提供的價值，將使我們蒙受祝福，當我們向他人展現慷慨時，他們也會大方地給予回報。**

請記得，報酬有很多種形式——不只是金錢，一棟美麗的房子、一輛法拉利，躺在海灘上徹底放鬆身心，也是一種美好報酬。

此外，這些報酬也會以祝福的形式呈現，像是擁有良好的健康、忠實的朋友、充滿愛的家庭、遇見良師、各種工作機會降臨，以及想出價值一百萬元美金的點子等。

多數時候，我們都會給予對方應得的東西，這樣的心態很好，但它無法轉變成富足，然而，如果我們改變心態，對他人付出更多——甚至超乎預期，我們就會獲得相應的報償。

提醒——

你付出什麼，就會得到什麼。所以不管你做什麼事，都要竭盡所能地做到最好，同時努力成為最好的人，仁慈、慷慨地對待他人，然後當他們用同樣的態度對待你時，請欣然接受這一切。

根據補償法則，你會獲得你所付出的東西。這項法則和吸引力法則很類似，但它偏重的是「報酬有很多種呈現形式」這樣的觀念。

舉例來說，假使你得到一大筆錢，你也許會覺得自己獲得了報償。

然而，根據你自身的生活型態，獲得龐大財富反而可能會讓你的生活變得更糟，而不是變得更好。

「種什麼因，就得什麼果」這項法則提醒你，要用心對待他人，還有這個地球。

舉個例子，在以吸引（或補償）愛與支持的方式來運用這項法則時，你可以問自己——

「我今天被召喚在哪個方面服務與支持他人？」

★

「它讓我們相信，只要我們敞開心胸，接受宇宙所能給予的一切，我們的努力就會獲得回報。」

——諾瓦麗·懷德

我們必須明白，這部分的報償並不侷限於聘僱契約或金錢報酬。

你會因為你對周遭世界的貢獻（你所散播的愛、喜悅與仁慈都包含在內）而獲得補償。

一切都將得到報償。

8

能量恆變法則

能量是恆常流動
且持續變化的

—·—

The Law of Perpetual Transmutation of Energy

Energy is always moving and always changing

當我感覺自己身陷困境時，**「能量是恆常流動且持續變化的」**是我最喜歡的箴言之一。

截至目前為止，我們已經談論過能量，以及保有高頻振動的重要性。它們聽起來很好，但其實我們都知道，我們會遭遇各種意料之外的人生變化球。

倘若只有七大宇宙法則，我們將活在負面處境的恐懼中，而這項法則提醒我們，沒有什麼好怕的，因為能量通常都處於流動狀態，更棒的是你有能力轉化它。

激發內在能量的法則

這聽起就像是你有超能力一樣——因為你確實如此，只是它知易行難。

你可能曾經聽說過「注意力放在哪裡，能量就會流向哪裡」，而它正是這項法則的重點所在。

這些想法由誰主導、創造？答案是——**你自己**。

因此，運用你自身的力量啟動那些對你有益，而不是無益的思想，你就可以將負面的能量振動轉變成中性的振動，再轉化為更快樂的能量振動。

★

「在刺激與回應之間有一個空間，在這個空間裡，我們可以選擇如何去回應。而我們的回應，決定了我們的成長與自由。」

——奧地利猶太裔精神科醫生與心理學家，維克多·弗蘭克（Victor Frankl）

還記得第一項法則中提到的那個令人惱怒的咖啡師德韋恩嗎？

假設他被開除，接著回到家後又發現他的女友貝拉離開了他。一堆鳥事發生，他肯定會湧現一些低頻的想法與情緒：憤怒、怨恨、悲傷，諸如此類。

這些情緒真實存在，我們必須承認這一點，然而，承認情緒的存在，和沉溺其中是不同的。

德韋恩終究必須停止自怨自艾，打起精神將種種負面思維整理，轉變成對自己有益的想法，而不是繼續顧影自憐，也許他原本就不喜歡這份工作，所以這只是代表，他能花更多時間專心尋找更好的工作。

另外，貝拉過去總是把家裡弄得一團亂，德韋恩在下班後，還得花好幾個小時整理。但現在他的思想開始改變——他有更多時間可以享受這個整潔的家，這種能量轉化不會在一夕之間發生，但對德韋恩來說，一切情況正逐步改善。

提醒——

你向來都有能力在任何狀況下選擇感覺更好的想法，藉此激發正面的改變。留意你告訴自己的那些故事，並且提升它們，好讓你更接近想達到的狀態，而不是使你自己繼續身陷困境。

能量恆變法則指出，我們周遭的一切事物都處於不斷流動的狀態。

你無法察覺所有的改變，因為它們有很多都存在於細胞或原子層次，儘管如此，它們還是持續發生變化。

明白這項法則之所以如此重要，是因為它將協助你了解，你有能力引發正面的轉變。尤其是透過高頻振動來提升低頻振動。

舉例來說，倘若你身處低頻狀態，和某個歡喜雀躍的朋友接觸，處於高頻狀態的他自然可以激發你內在的能量轉化。

這項法則表明，**在能量層面上，宇宙萬物都在持續發展或波動，每一個行動皆源自於一個想法，這些想法本身最終均有能力在我們的物質現實中顯現。**

你是否曾經和某個消極的人待在一起，並覺得自身的積極性正逐漸消失？

這就是一個很典型的例子，但反之亦然：當人們有意識地運用這項法則時，較高的振動頻率可以改變較低的頻率。

理解這一點，我們就能藉由我們的思想與行為，積極地嘗試提升我們周圍的負面能量。

★

「這項法則意味著，即便是微不足道的行動，也能產生深遠的影響。就如同大樹的種子蘊含著無限希望，你的內在也具備創造奇蹟的力量。」

——諾瓦麗．懷德

想實踐這項法則，一般會建議透過日常生活中的一些小事（無論是在淋浴時唱歌、旁若無人地盡情舞蹈，還是任何對你有幫助的事）來提高自身的能量，請記得：

微小的改變就能帶來豐碩的成果。

9

相對法則
一切都是相對的

The Law of Relativity
It's all relative

請想像一下這個情境：你在早晨醒來，發覺天色異常明亮，你這才發現，手機鬧鐘沒響，不僅如此，充電線也沒插好，手機已經沒電，你上班已經遲到半小時了。

雖然早起很辛苦，但你總是設法騰出時間進行最喜歡的日常儀式——到本地咖啡店喝杯美式咖啡，這項儀式可以使一切變得更好，但今天，你遇到的果然是那個愚蠢的咖啡師德韋恩，他（再度）弄錯你的餐點，最後你拿到的是一杯摩卡。然後，你在趕著去上班的途中收到一張超速罰單。

多數人都同意，在這種情況下開始一天的生活，感覺很差。

然而，那個坐在咖啡店外頭的遊民喬治很樂意跟此時的你交換（你可能根本沒有注意到他的存在）：他沒有床可以躺、沒有手機需要充電、沒有讓自己遲到的工作、沒有錢買咖啡，當然也沒有車可以超速。

這項法則提醒我們，所有的經歷皆不分好壞，它們都是中性的。

這些經驗之所以被貼上好與壞的標籤，是因為我們人類根據自身的感知（包括各種情緒、思想與判斷）來作評價並比較它們。

★

「如果你珍惜你所擁有的一切，你總是能擁有更多；假使你只看你所欠缺的事物，你永遠都不會感到滿足。」

——歐普拉・溫弗蕾（Oprah Winfrey）

現在，我並不是說我們所有人都得消除腦中的想法，但**這項法則能讓我們記得認知所具備的力量**。請善用這樣的理解，境遇好壞並非基本現實，那只是一種感知，而這種感知是和他人的經驗比較後所得出的結論。

提醒——

從不同的觀點來看待某個「糟糕」的處境，確實可以幫助你變得感恩，不管你覺得它有多糟，總是有某個人的遭遇比你更糟，不要認為自己是個受害者，而是讓自己改變心態、充滿感激。

當我們單獨看待每件事物時，相對法則是指「這些事物都是中性的」，所以在進行比較之前，沒有任何人，任何經歷、情緒或行為會被判定好壞。

舉例來說，你或許覺得自己很窮；但這也可能是因為你有三個很有錢的叔叔，跟他們比，你就是感覺差一大截。

謹記這項法則，你就能留心到此一事實：**無論你發生什麼事，永遠都可以從好幾種角度來看待它。**

練習從不同的觀點來看待這些事，能使你變得更感恩，並且明白你的生活有哪些需要改善的地方。

這項法則指出，我們往往會將這個世界上的各種東西進行比較，但事實上，一切事物皆是中性的，相對主義存在於萬物之中，這些事物的意義終將取決於我們的觀點與感知。

運用這項法則，能協助我們以更大的慈悲心，去理解生命中那些極其艱難的部分。

舉例來說，我們對自己的生活現狀感到不滿，可能是因為我們把自己的安排和他人做了比較。

相對的，我們最好珍惜所擁有的，不應該老是去想「誰比我更好」。

世間萬物都沒有好壞之分，沒有任何人天生就是好人或壞人，一切事物均是一連串的表現，任何處境或挑戰都可以用不同的角度看待。

也就是說，**我們是賦予這些事物意義的人，因此我們可以自行選擇，要將它們視為好事或壞事。**

10

極性法則

一切事物都有正反兩面

The Law of Polarity

There are two sides to everything

在同一個度量尺上，一切事物都有其對立面

倘若你不曾覺得冷，又怎麼知道現在有多熱？假使你從未感到哀傷，你要如何體會喜悅的感受？

你必須先體驗其中一種感覺，才能領略另一種感受，這就是極性的本質。

所以，讓我們先花點時間感謝我們所遭遇的「壞」事，它們使我們得以經歷那些好事。

在我居住的地方，冬天陰鬱而寒冷。但我明白，春天因此顯得美好，同時這也讓我更喜愛與感激那些熱情的豔陽天。

★

「所有事物都是兩極性的；凡事都有正反兩面；對立的事物在本質上是一樣的，只是在程度上有所不同。」

——《祕典卡巴萊恩》（*The Kybalion*，註7）

註7：數千年來，赫米斯學說都是透過口傳心授的方式傳給有緣者，直到一九〇八年，才有三位匿名「隱士」（啟蒙者）列出其中的精要（七大宇宙法則）並加以解釋說明，寫成了《祕典卡巴萊恩》一書。

相同的概念也能應用在我們的情緒上，例如親人因病去世令我們傷心欲絕，但我們可以學習感恩自己擁有健康的身體，而不是把和家人與朋友的相處視作理所當然。

如果沒有悲傷，我們要怎麼知曉快樂是什麼模樣？

少了其中一面，另一面就無法存在。

所有的情緒都是人類經驗的一部分，無論感覺好壞，它們都有著更崇高的目的。

為了提供完整的生命體驗，情緒光譜上的每一種狀態都是必要的。

所以我們相信，各種負面情緒均隱含某種意義，假使我們感到憤怒、哀傷或沮喪，這些真實存在的情緒都有其原因：它們要教導你什麼事？我們往往會抗拒並壓抑這些情緒，因為它們令我們感覺不舒服。

然而，只要超越這一點，就會獲得某些重要資訊，這些資訊能幫助我們獲得情感上的成長。

提醒——

負面情緒是必要且不可避免的，少了它們，我們就無法明白正面情緒是什麼樣貌，你的目標在於接納自身的情緒，留意它們如何協助你向前邁進，而不是抵抗它們。

「一切事物都必定有其對立面，正因為有這些對立面存在，我們才能理解我們的人生。」

在思考極性法則（兩極法則）時，記得這一點，這是最重要的一事。如此一來，當遭遇困難時，它將讓你真正明白，你會迎來更好的發展。

謹記這項法則，你就能在置身困境時變得更堅毅。譬如分手，雖然很痛苦，但它將使你懂得，在一段關係裡，哪些模式對你已經不再管用。

最後，你會了解，什麼才是對你有幫助的事。

這項法則告訴我們，生命中的一切事物均有其對立面，像是善與惡、愛與恐懼、溫暖與寒冷。關鍵在於：明白它們都是一體的兩面。

請用以下箴言來運用這項法則：

「所有的對比都會使事情變得更清晰。」

舉例來說，倘若你正面臨分手或健康問題等艱難的情況，你可以試著理解，相反的狀況會是什麼？這將為你揭示新的視角與功課。

當你深入探究這項法則背後的意涵時，它將發揮很大的作用，但簡而言之，就是凡事都有正反兩面，例如高與低、快與慢、白與黑等。

你感到困惑了嗎？我知道，這一切可能感覺非常極端。然而，你可以這樣想：每件好事都有不好的一面，相反地，假使你身處某種糟糕的處境，它必定也有好的一面。

不管你從這樣的境遇中學到什麼，或者在這次事件後又發生了什麼事，沒有任何事是全然的壞事，無論你怎麼看待，它都是如此。

一切事物都有其對立面：有某種東西增加，就會有另一種東西跟著減少，有光明的地方同時也有黑暗存在，它們缺一不可。

這些相反的狀態都是人類經驗的一部分，能協助我們從錯誤中學習，並且辨別不想要哪些事物。

這樣，我們就會更清楚自己真正渴望的是什麼。

11

律動法則

沒有任何事物是恆久不變的

—·—

The Law of Rhythm

Nothing is permanent

地球繞著太陽轉、月亮繞著地球轉，與此同時，地球每二十四小時自轉一周，日夜交替、四季更迭、潮起潮落。

千百年來，這些都是自然律動的展現，能量是恆常流動的，這些流動創造出各種模式與循環，在股票市場、社會與政治傾向以及生命週期裡，我們都曾經看過這樣的例子。

每一個階段都有不同的功能與目的，但它們都是整體不可或缺的一環。

★

「和一味地眷戀春天相比，關注季節的變化，其實是一種比較快樂的心態。」

——西班牙哲學家與小說家，喬治・桑塔亞那（George Santayana）

律動無所不在

我們往往會在不了解大局的情況下，一直滯留在某個階段，我們喜歡呈現上漲趨勢的牛市、漫長的夏天，以及進步政治，因為它們感覺很好。然而，就像我們在極性法則中學到的那樣，我們確實需要經歷其他階段，因為它們也是全局的一部分。

這項法則教導我們退一步想，並且明白「萬事萬物皆有定時」。

我們經常希望事情能符合自身的狀況與時程安排，但假使我們靜靜深呼吸，並保持耐心，我們將會發現趨勢不停地反轉，請相信這段過程。

不僅僅是外在世界，同樣的原則也適用於我們自身——我們的想法、情感與情緒都在持續變化。當我們感到悲傷時，我們往往會覺得這種感受將一直持續下去。

而當我情緒低落時，我最喜歡的一句箴言是：**「這一切都將過去。」**

這個觀念本身會讓振動頻率逐漸提升。

同樣的道理，當事情進展得很順利時，記得這個概念也是很重要的事，因為我們了解，這樣的狀態並非恆久不變。

而理解這項法則，可以幫助我們培養感恩的心態。

在任何時候，感激都是最容易運用的高頻情緒之一。

順應生命的律動

我們無法掌控這些律動，但倘若我們能學習順應，而不是抗拒它們，從長遠來看，會變得比較快樂。

譬如你在十月種植蘭花，你會是個沮喪的園丁，但假使你有耐心等到春天，你將收穫滿滿。

提醒——

學習耐心地觀察生命的潮起潮落，並相信凡事皆有時。當一切都很順遂時，請心存感激，並順其自然；當事情進展得不順利時，明白美好的日子就在前方，你將因此感到安慰。

律動法則有時又稱作「永恆運動法則」，它強調事物的變化（這是很自然的事），尤其是「一切事物都有其循環」這樣的事實。

你可以在自然界（例如季節更替，或身體的老化過程）中察覺這項法則。

然而，它也適用於人一生的所有階段，針對它進行思索，能幫助你獲得不同的觀點。

現在或許正是美好的時節，但沒有任何事物是恆久不變的。所以，請好好地珍惜這有限的時光。或者你正處於整個週期中的負面部分，但這可能是在為下個月的迅速發展做準備。這些循環週期是宇宙自然組成的部分，從物質層面來看，你可以思考地球上的四季變化；在自己的生命裡，我們必須謹記：整合與成長同樣重要。

不管是在考慮和自身健康或生產力有關的事時，我們都希望能總是保持某種狀態，但這樣的狀態無法一直持續下去。**關注你的內在律動，試著與它們合作，而不是對抗它們。**

你是否感覺疲憊不堪？也許讓自己休息一下，會比強行堅持來得好。

這項法則確實遵循極性法則，它表明宇宙能量宛如一座鐘擺，假使某樣東西向左擺盪，它便必須在接下來向右擺盪，以便達到平衡，就像是來回擺動的舞蹈。

如果你仔細思索，你就會了解，世間萬物都在成長或消逝，這一切源自於各種循環階段，以及發展模式所產生的能量振動與律動。

只要你明白如何善用這項法則，就能駕馭使能量流動與平衡的技巧。你將懂得如何在負面的循環中提升，不過度激動，或讓你的意識沉浸在負面情境裡。

成功掌握這項法則的關鍵在於，知道如何保持平衡。

請思考一下，為什麼某些公司可以在經濟衰退期蓬勃發展，其他公司卻無法這麼做，這是因為運氣，還是因為他們有能力克服負面處境，並且看見機會？

12

陰陽法則

顯化需要能量的平衡

The Law of Gender

Manifestation requires balance of energies

創造需要陰陽兼備

在創造任何事物時，都需要陽性與陰性能量的平衡。

在物質世界裡，有性生殖就是這項法則的絕佳範例，它對我們更顯而易見。

這樣的概念也適用於能量世界，少了陽性與陰性能量的平衡，創造（也就是將想法轉變為現實）就不可能發生。

首先，我們必須了解一個很重要的觀念：**一切事物（包含我們在內）均是陽性與陰性能量的結合。**

想創造出我們所渴望的東西，得讓這兩種能量取得平衡。

雖然我們生來就擁有男性或女性的生殖器官，但內在都同時具備這兩種能量，與性別或性向無關。

就能量而言，陽性能量富有創造力、務實、目光深遠，但欠缺平衡，它可能會以控制、憤怒與衝突的形式呈現。

另一方面，當陰性與陽性能量取得平衡時，它充滿智慧、直覺力強且溫柔體貼；當它與陽性能量缺乏平衡時，則極其脆弱，此時一個人也會變得軟弱無力。

其中的祕訣在於讓這些能量達到平衡，因為唯有正確運用這兩種能量，我們才得以在物質世界顯化自身的渴望。

這項法則的第二個部分提醒我們，一切事物（包括我們所渴望的東西在內）皆有一段醞釀期。在這段期間，它們會持續成長，直到它們在物質世界中顯現出來。這個創造的過程，就是律動法則的典型範例。

你想在懷孕一個星期後就把孩子生下來，還是你願意等九個月，讓他發育成能在子宮外存活的嬰兒？

在面對我們的渴望時，我們必須保有耐心，因為世間萬物起初都只是剛萌芽的想法，在變成現實之前，它們得先由陽性與陰性能量滋養一段時間。

提醒——

接納你的陽性與陰性能量，讓它們取得平衡，在你的各種想法與渴望顯化之前，維持這樣的狀態可以滋養並照料它們。

最後，陰陽法則和生理性別沒有什麼關係。它指的是有兩大類的能量存在，你可以把它們想成陰（性）與陽（性），或阿尼瑪（anima）與阿尼姆斯（animus）（註8）。

我們所有人都具有一定程度的陽性與陰性能量，倘若我們希望快樂地生活，就必須在這兩種能量之間取得平衡。

請思考一下這兩種能量，在你的生命中所扮演的角色，以及它們是否處於太過或不及的狀態。

陰陽法則適用於萬事萬物，一切事物都有陽性與陰性的一面，在物質層面，每個人都有一具男性或女性的身體。但在心理層面，所有人皆是「雌雄同體」——他們都有左腦與右腦，同時兼具陽性與陰性的特質。

想真正掌握這項法則，你必須控制你的小我，讓它應付你的物質存在，但不要讓它掌控你的精神存在。

掌握這項法則，能使你在自身的陽性與陰性特質之間得到更好的平衡。你生命裡的一切事物（包含你的個人生活與職業）將因此流動得更順暢。

註8：阿尼瑪與阿尼姆斯是瑞士心理學家卡爾・榮格（Carl Jung）所提出的心理學概念：前者是指男性內在的陰性特質，後者則是指女性內在的陽性特質。

結語——融會貫通

我們已經針對十二大宇宙法則進行說明，它們可能會在你的生命裡反覆顯現。在你感到不知所措之前，將它們融入生活，同時以某種對你深具意義的方式來掌握其概念，並理解它們。

你無須分析它們，只要了解並記住這些概念，以及學習怎麼在日常情境中運用它們。